CATALOGUE

D'une très belle Collection

D'ESTAMPES

ANCIENNES

PRINCIPALEMENT

Des Écoles Française et Anglaise du XVIIIe siècle

PIÈCES DE CHOIX, IMPRIMÉES EN NOIR ET EN COULEUR

PAR ET D'APRÈS ALIX, BARTOLOZZI
BAUDOUIN, BOILLY, BONNET, DEBUCOURT, DICKINSON
FRAGONARD, FREUDEBERG
GREEN, HOPPNER, HUET, JANINET, LAVREINCE, MOREAU, MORLAND
NATTIER, POLLARD, SIR J. REYNOLDS
SAINT-AUBIN, SERGENT, SMITH, TAUNAY, WARD, WATSON, ETC.

LES CHAMBRES DE LOUIS XIV, par TROUVAIN

PIÈCES HISTORIQUES RELATIVES

A MARIE-ANTOINETTE, LA RÉVOLUTION ET L'EMPIRE

PIÈCES SUR LE SPORT – CARICATURES

DONT LA VENTE AUX ENCHÈRES PUBLIQUES AURA LIEU

HOTEL DES COMMISSAIRES-PRISEURS, RUE DROUOT, N° 9

SALLE N° 8

Les mardi 7 et mercredi 8 avril 1896, à deux heures précises.

Me **MAURICE DELESTRE**, Commissaire-Priseur, rue Drouot, 27,

Assisté de :

M. LOUIS BIHN, marchand d'estampes en face la Bibliothèque nationale, 69, rue Richelieu, et 4, rue Rameau.

et de M. **AUG. GEOFFROY**.

Exposition publique : le lundi 6 avril 1896,

De deux heures à cinq heures et demie.

Louis BIHN

69, rue de Richelieu et 1, rue Rameau

A PARIS

SE CHARGE

DE

VENTES PUBLIQUES D'ESTAMPES

Imp. D. Dumoulin et Cie, rue des Grands-Augustins, 5, à Paris.

CATALOGUE

D'une très belle Collection

D'ESTAMPES

ANCIENNES

PRINCIPALEMENT

Des Écoles Française et Anglaise du XVIIIe siècle

PIÈCES DE CHOIX, IMPRIMÉES EN NOIR ET EN COULEUR

PAR ET D'APRÈS ALIX, BARTOLOZZI
BAUDOUIN, BOILLY, BONNET, DEBUCOURT, DICKINSON
FRAGONARD, FREUDEBERG
GREEN, HOPPNER, HUET, JANINET, LAVREINCE, MOREAU, MORLAND
NATTIER, POLLARD, SIR J. REYNOLDS
SAINT-AUBIN, SERGENT, SMITH, TAUNAY, WARD, WATSON, ETC.

LES CHAMBRES DE LOUIS XIV, par TROUVAIN

PIÈCES HISTORIQUES RELATIVES

A MARIE-ANTOINETTE, LA RÉVOLUTION ET L'EMPIRE

PIÈCES SUR LE SPORT — CARICATURES

DONT LA VENTE AUX ENCHÈRES PUBLIQUES AURA LIEU

HOTEL DES COMMISSAIRES-PRISEURS, RUE DROUOT, N° 9

SALLE N° 8

Les mardi 7 et mercredi 8 avril 1896, à deux heures précises.

Me **MAURICE DELESTRE**, Commissaire-Priseur, rue Drouot, 27,

Assisté de :

M. LOUIS BIHN, marchand d'estampes en face la Bibliothèque nationale.
69, rue Richelieu, et 1, rue Rameau.

et de M. **AUG. GEOFFROY**.

EXPOSITION PUBLIQUE : le lundi 6 avril 1896,

De deux heures à cinq heures et demie.

CONDITIONS DE LA VENTE

Elle sera faite au comptant.

Les acquéreurs payeront CINQ POUR CENT en sus des enchères applicables aux frais de vente.

ORDRE DES VACATIONS

Mardi	7 avril.	Nos 1 à 202
Mercredi	8 —	203 à 406

N. B. — Le nombre de pièces contenues dans les **lots** *est indiqué en* **chiffres** *au bout de la ligne.*

Toutes les pièces étant en bel état, nous nous sommes dispensés de l'indiquer au Catalogue.

DÉSIGNATION

PREMIÈRE VACATION

ADRESSES

1 — Maison *Phitily*, à Hyères, — Jules *César*, de Vichy, pèse trois cents kilos et vend des cannes. Lithographies in-fol. 2

2 — *Theuveny*, Apoticaire à Chaalons en Champagne. Les différentes adresses avec inscript. manuscrites. 3

3 — *Billiotte*, restaurateur au-dessus du café de la Rotonde, Palais-Royal. Carte-menu. Grand in-fol.

4 — Caricature shop. *Roberts* publisher, Middle Row, Holborn; 1801. Curieuse pièce coloriée. In-fol.

5 — *Evrard*, hôtel des Ambassadeurs, Marseille, — *Swinney*, fondeur et imprimeur, hôtels et tavernes de Birmingham, — *Hill*, civil engineer, etc. 25

6 — Cartes d'entrée, programmes, brevets. 12

AÉROSTATS (pièces sur les)

7 — Le globe enlevé à la Muette, 21 nov. 1783, par le Mis d'Arlandes et Pilâtre de Rozier, en présence de B. Franklin, Polignac, Polastron, Vaudreuil, de Guines, etc. In-fol. en couleur, par Le Campion.

8 — Expérience aérostatique faite à Versailles le 19 septembre 1783, par MM. de Montgolfier. In-fol. obl., à Paris, chez Le Noir.

AGAR (J.)

9 — Countess of *Charlemont*, d'après Anne Mee. In-fol., marge.

ALIX (P.-M.)

10 — J.-B. Poquelin de *Molière*, d'après Garneray. En couleur, superbe épreuve, avec l'adresse de l'auteur. Marge.

AMÉRIQUE (pièces sur l')

11 — Le général *Washington*. In-fol., par Le Mire, d'après Le Paon. Très belle épreuve à grande marge.

12 — *Franklin*. In-8, par Le Beau. Toute marge.

13 — Captain James *Cook*. In-fol., par Basire, 1777. Marge.

14 — *D'Estaing*. In-8 et in-4, d'après Sablet. 2

15 — *Franklin*, — *Washington*, — *Mac Kartenay*. — Captain *Marryat*, etc. 7

16 — *Caricatures*. Rodney triumphant, — Caledonian voyage, etc. 4

ANONYMES

17 — Sujets galants, en forme de boutons, dans des encadrements in-8, avec attributs pastoraux. Suite de six pièces en bistre, sépia ou coloriées. Rares. 6

18 — Dernière heure de la baronne de *Rebecque*, morte à trente-six ans. Très joli portrait de femme, dans un médaillon. In-4. Rare.

ARDELL (J.-M.)

19 — Girl with spinning top, d'après P. Mercier. In-fol., à la manière noire, 1756.

20 — Madness, d'après R. Pine. In-fol., à la manière noire, avant la lettre; 1760. Toute marge.

BARTOLOZZI (F.)

21 — *Marie-Christine*, reine de Suède. In-fol., d'après le chevalier Roslin. Superbe épreuve d'état, avec la lettre ouverte.

22 — Lamia (Lady *Hamilton*), d'après Cipriani. In-4, en bistre. Superbe épreuve.

23 — The R. H. Countess *Spencer* d'après sir J. Reynolds. In-4, en bistre. Marge.

BARTOLOZZI (F.)

24 — Lord *Burghersh*, d'après sir Jos. Reynolds, 1788. In-4 en bistre. Joli portrait d'enfant. Rare.

25 — Mr. Philip *Yorke*, d'après le même, 1788. In-4 en bistre. Pendant du précédent. Marge.

26 — The girl and kitten, d'après sir J. Reynolds, 1787. In-4 en bistre. Marge.

27 — Shrimps! d'après W. Hogarth; 1782. In-4. Grande marge.

28 — *Handel*. En-tête d'un programme. Portrait-médaillon, in-fol., d'après Cipriani.

29 — Sentimental conversation, — Tickets, etc. 9

BARTOLOZZI ET TRESCA

30 — Les Saisons. In-4, d'après Ward et Gianni. En couleur. 4

BASSET (à Paris, chez)

31 — Les Grâces anglaises. Petit in-fol., colorié. Marge.

BAUDOUIN (d'après P.-A.)

32 — Le Couché de la Mariée, par Moreau, terminé par Simonet. In-fol. Belle épreuve.

33 — L'Epouse indiscrète, par De Launay, 1771. In-fol. Très belle épreuve. Marge.

34 — Perrette, par Guttenberg. In-4.

35 — *Jusques dans la moindre chose*, par Masquelier. In-4.

36 — La Visite nocturne, par Vérel. Ovale. In-8. En couleur. Sujet tiré de : Marchez tout doux, parlez tout bas. Marge. Rare.

BLAIZOT ET BERNARD

37 — Les Saisons, d'après Dusaulchoy. Petit in-fol. Marges. 4

38 — Les quatre heures du jour. Petit in-fol. 4

BOILLY (d'après L.)

39 — La douce impression de l'harmonie. In-fol., par Wolff. Marge.

40 — L'Evanouissement, par Tresca. In-fol. Très belle épreuve. Marge.

41 — Les Conseils maternels, par le même. In-fol. Très belle épreuve. Marge.

42 — On nous voit, par Petit. In-fol., en largeur.

BOILLY (lithographies coloriées)

43 — Le Bonnet de la grand'mère, — La Perruque du grand-père. Pendants, lith. de Delpech. 2

44 — Les Jouets du Jour de l'An, — Les Billes. In-fol. 2

BONNET (L.)

45 — Le Premier pas à la fortune, d'après Du Bois de Sainte-Marie. Petit in-fol., imprimé en couleur. Superbe épreuve.

46 — L'Auteur favorisé, d'après le même. Petit in-fol., imprimé en couleur. Pendant du précédent. Superbe épreuve.

47 — L'Accord maternel. — Les Soins maternels, d'après Huet. Pendants. Petit in-fol., en couleur. 2

48 — Le Souper, — Les Présents du Jour de l'an, d'après Huet. In-fol., en couleur. Pendants. Encadrés. 2

49 — Le Bain, — La Toilette. Pendants. Petit in-fol., en couleur. Epreuves découvertes, sans marges. Encadrées. 2

50 — Le Déjeuner. Petit in-fol., en couleur, remmargé. Encadré.

51 — Vénus à sa toilette, d'après Boucher. Ovale équarri. Très rare épreuve d'état, avant la mise en couleur.

52 — Le Marchand d'orviétan de campagne, d'après P. Carême. Petit in-fol. En couleur.

53 — Tête de jeune femme, d'après Eisen, 1767. Aux deux crayons. In-fol., sur papier bleu.

BONNET (L.)

54 — Bazile et Luzy, — Bazile et Laurette, d'après Aubris. Pendants. Petit in-fol., en couleur. 2

55 — Bouquets de fleurs, d'après Carle. In-fol., en couleur. Pendants. Marges. 2

BONNET (à Paris, chez)

56 — The Village wanderer. Ovale in-4. En couleur. Grande marge.

57 — L'Image de la Frivolité, d'après Ang. Kauffmann. Ovale in-4. En couleur. Marge.

58 — Bouquets de fleurs variées, d'après Carle. In-fol. En couleur. Pendants. Grandes marges. 2

BOREL (d'après A.)

59 — Le Charlatan, par Aug. Léveillé, 1785. In-fol., en largeur. (Pendant de La Bascule.) Superbe épreuve, impr. en couleur. Rare. Encadrée.

BUNBURY

60 — Origin of the Gout. Caricature coloriée. In-fol.

BURKE (T.)

61 — H. R. H. The dutchess of *York*, d'après Hone. Ovale, in-4, imprimé en bistre. Epreuve d'état, avec la lettre ouverte. Rare.

CAMPION (à Paris, chez les)

62 — Petit Châtelet, — Notre-Dame, — Palais de Justice, etc. En noir et en couleur. 5

CARDON et MEYER

63 — *Loutherbourg*, — *Northcote*, — *Hoppner*, — *Tresham*, — *Farington*. Portraits d'artistes anglais, d'après eux-mêmes. In-fol., en bistre. 5

CARÊME (d'après)

64 — L'Aveugle trompé, — L'Aveugle détrompé, par Wossenik. Pendants. En couleur. Petit in-fol. Marges. 2

65 — La fuite inutile, par Carpentier. Ovale. Petit in-fol. En bistre. Marge.

CARICATURES

66 — La Réunion politique, ou La Lecture du journal. In-fol. Colorié. Publié chez Martinet.

67 — Le *Bon Genre*. Pièces tirées de cette suite. En couleur. Marges. 13

68 — Le Peintre en campagne, — La Marchande de saucisses, — La Marchande de coco, etc. Lithographies coloriées. 9

CARICATURES ANGLAISES

69 — The happy escape or arch runaway's, par Fischer, 1788. Pièce satirique sur les femmes nobles. In-fol., en largeur. Colorié. Rare.

70 — The wedding day, par Heath, 1827. Pièce sur le prince et la princesse de Galles. In-fol., en largeur. Coloriée.

71 — The Grand Review on Sydenham common, 1792. Pièce satirique sur l'armée et le roi George. In-fol. Coloriée.

72 — Quack doctor, — Methodist parson. Ovales, coloriées. 1793. Pendants. 2

73 — The Beau Monde, par W. Heath. Pièce sur la mode, 1829. In-fol. Coloriée.

74 — The Polygamical doctor, 1781, — Modern defence (Mrs *Fitzherbert*). In-fol. Coloriée. 2

75 — The Game chicken, — Advice from the other world. In-fol. Coloriées. 2

CASANOVA (d'après)

76 — Mort de d'Assas, en octobre 1760, près de Clostercamp. Grand in-fol., par Laurent.

CHAILLOU (à Paris, chez)

77 — La Curieuse aperçue, — Le Billet rendu. Pièces rondes, faisant pendants, impr. en bistre. Marges. Rares. Sous verre. 2

CHAPONNIER

78 — La Surprise, d'après Le Roy. In-fol., en couleur. Grande marge.

CHARON

79 — Vue intérieure de la galerie neuve d'Orléans, Palais-Royal. In-fol., en largeur. En couleur. Marge.

CHASTILLON (CL.)

80 — Carosel fait à la Place royalle, à Paris, le V, VI, VII avril MDCXII. In-fol.

COCHIN (C.-N.)

81 — Le Tailleur pour femme. Petit-in-fol. S. m.

COLLIBERT (d'après)

82 — La Cuisinière françoise, par Vidal. Petit in-fol. en larg. En couleur.

COMPAGNIE (J.-B.)

83 — L'Amour précepteur. Ovale. Petit in-fol. En couleur.

COOPER (R.)

84 — Mrs Russel *Manners*, d'après Stroekling, 1807. Petit in-fol. Marge.

85 — Dutchess of *Devonshire*, — Countess of *Besborough*, — Mrs *Sheridan*, — Lady *Mulgrave*. In-4. 4

COQUERET

86 Amor nobile, — Amor poetico, — Amor furioso, d'après Raphaël. Impr. en couleur. Toutes marges. 3

COUSINS (Samuel)

87 — Albert prince of Wales, 1847, — Prince Alfred and princess Helena, 1849; d'après Winterhalter. Pendants. In-fol. 2

CRUICKSHANK (G.)

88 — Flannel Coats of Mail against the French, 1793. Pièce satirique relative aux événements politiques du temps. In-fol. Coloriée.

89 — The Gallery of Fashion, 1796. Pièce sur les modes. In-fol. Coloriée.

90 — Half an hour before dinner, — Half an hour after supper. D'après Woodward. In-fol. Coloriée.

91 — The Rage or Shepherds I have lost my waist; 1794. In-fol. Coloriée.

DANLOUX (d'après)

92 — La Surprise agréable, par Jonxis; 1789. In-fol. Avant la dédicace. Marge.

DEBUCOURT (P.-L.)

93 — Route de Saint-Cloud, d'après C. Vernet. In-fol. En couleur. Marge.

94 — Route de Poissy, d'après le même. In-fol. En couleur. Marge.

95 — Le Gourmand. Petite pièce ronde, en bistre.

96 — Le Coup de vent, — Houssard français, d'après C. Vernet. In-fol. En couleur. Marges. 2

DELAROCHE (d'après P.)

97 — Édouard en Écosse, par Reynolds et Sixdeniers. In-fol. Marge.

DE LAUNAY

98 — C'est Papa! d'après Vangorp. In-fol. Très belle épreuve. Marge.

DE LAUNAY

99 — Le Bonheur du ménage, d'après Le Prince. In-fol.

DEMARTEAU (G.)

100 — Tête de jeune fille avec une rose dans la coiffure (n° 334), d'après Courtois. In-4, à la sanguine. Marge.

101 L'Anglaise, d'après Courtois (n° 335). Ovale, à la sanguine.

102 — Amour couché (491), — Le Plaisir des Amours (504), d'après Huet. In-4, aux trois crayons. 2

103 Le Jeune Berger (514), d'après Huet. In-4, aux trois crayons.

DENIS (à Paris, chez)

104 — L'Agréable surprise, — L'Hommage accepté. Ovales. In-4. En couleur, pendants. 2

DESSINS

105 — **Desrais**. Femme en costume, robe à paniers. In-4, au lavis. Sous verre.

106 — *Freudeberg*. Paysanne de Bourg-en-Bresse, — Servante de Lyon. Fins dessins. In-8, à l'aquarelle. Encadrés. 2

107 — *Dessins hindous*. Costumes, — Artisans, — Scènes de mœurs, etc. 60

DE TROY (d'après)

108 — Vénus se venge de Psiché, par Avril, 1779. In-fol. Marge.

DICKINSON (W.)

109 — The Dutchess of *York*, d'après Hoppner. In-fol., en pied. Superbe épreuve, impr. en couleur. Marge.

DIVERS

110 — La Cérémonie des Offrandes. In-fol., en largeur. Pièce tirée du Sacre de Louis XV.

DIVERS

111 — Jeu des Monumens français de la ville de Paris. In-fol. A Paris, chez Jean. Très belle épreuve. Rare.

112 — L'Émulation française, description historiographique du royaume de France, en forme de jeu de l'oie. In-fol., avec portr. de Louis XV. A Paris, chez Crépy. Marge. Rare.

113 — Paravents (sujets de). Empereurs romains. Portraits équestres coloriés. In-fol. 4

114 — Sujets de l'Ancien Testament, avec bordures d'encadrement de style Louis XV. In-fol. Coloriés. 4

115 — Léda, — Aréthuse, — Amymone, — Ève, — Peau d'Ane. Grandes lithographies. 5

116 — Fleurs et Fruits. In-fol. Coloriés. 4

DUCLOS (A.-J.)

117 — La Reine annonçant à Mme de Bellegarde des juges et la liberté de son mari, en mai 1777; d'après Desfossés. In-fol., en largeur. Jolie pièce à costume. Rare.

DURUISSEAU

118 — Bouquet de roses, — Bouquet d'œillets, d'après Carle. Pendants. In-fol. En couleur. Grandes marges. 2

EARLOM (R.)

119 — Marchioness of *Wharton*, d'après Boydell. In-fol., à la manière noire.

ÉCOLE ANGLAISE

120 — Miss *Somerville*, par Thomson, d'après Wivel. Petit in-fol. Marge.

121 — Cris de Londres, publ. en 1812 par Fuller. In-4, à la sanguine. Marges. 6

ÉCOLE ANGLAISE

122 — Sous ce numéro, il sera vendu plusieurs lots d'estampes non cataloguées.

ÉCOLE FRANÇAISE

123 — Quel est le plus heureux ?, par Le Febvre, — Promenade publique, reproduction. 2

124 — La Douceur, — La Fière Espagnole, — Vestale, par Janinet, etc. En couleur. 7

125 — Sous ce numéro, il sera vendu quelques lots d'estampes du dix-huitième siècle, non cataloguées.

EVANS (W.)

126 — The Grandmother's blessing. In-fol. en larg. Très belle épreuve, impr. en couleur.

FRAGONARD (d'après H.)

127 — Le Verre d'eau, par Ponce. In-fol. Très belle épreuve.

128 — Le Songe d'amour, par Regnault. In-fol. Épreuve d'état, avec le titre et les noms des artistes tracés à la pointe.

129 — La Fontaine d'Amour, par le même. In-fol. Marge.

130 — L'Heureuse Fécondité, par De Launay. In-fol.

131 — La même estampe. Avant la dédicace. Très belle épreuve.

132 — Les Baignets, par De Launay. In-fol. Marge.

133 — La Bonne Mère. In-4. En couleur. Sans nom de graveur. Très belle épreuve. Avant la lettre. Rare.

FREUDEBERG (d'après S.)

134 — Le Bain, par Romanet, 1774. Belle épreuve, grande marge.

135 — La Toilette, par Voyez, 1774. Très belle épreuve. Grande marge.

FREUDEBERG (d'après S.)

136 — L'Occupation, par Lingée. Très belle épreuve, avant le numéro. Toute marge.

137 — Le Boudoir, par Maleuvre, 1774. Très belle épreuve. Grande marge.

138 — Les Confidences, par Lingée, 1774. Très belle épreuve. Grande marge.

139 — La Soirée d'hyver, par Ingouf, 1774. Très belle épreuve. Grande marge.

140 — L'Événement au Bal, par Duclos et Ingouf. Très belle épreuve. Grande marge.

141 — Le Coucher, par Duclos et Bosse. Très belle épreuve. Grande marge.

142 — La Complaisance maternelle, par De Launay. In-fol. Toute marge.

143 — L'Horoscope accomplie, par Ponce. In-fol., en larg. Marge.

144 — La Gaieté conjugale, par De Launay. In-fol.

145 — Le Soldat en semestre, par Ingouf, 1777. In-fol. Grande marge.

146 — La Leçon de clavecin, — La Leçon de guitare. Pièces gravées au trait et coloriées. In-fol., faisant pendants. Grandes marges. Très rares. 2

GILLRAY (J.)

147 — Harmony before Matrimony, — Matrimonial-Harmonics. Pendants in-fol. obl. Coloriés. 2

GREEN (F.)

148 — Gipsey's stealing a Child, — The Child restored, d'après Singleton. Pendants in-fol. Très belles épreuves en couleur. 2

GREEN (V.)

149 — T. R. H. Earl of *Dalkeith*, eldest son of the duke of Buccleugh, d'après Sir J. Reynolds, 1778. In-fol., à la manière noire. Très belle épreuve.

GREUZE (d'après J.-B.)

150 — La Laitière, par Le Vasseur. In-fol. Superbe épreuve. Marge.

151 — La Fille confuse, par Ingouf. In-fol. en largeur.

GUYOT

152 — Paul et Virginie. Deux médaillons en couleur, sur la même feuille, d'après Dutailly. Marge.

153 — Vues de Rome, d'après Pérignon. En couleur. 3

HOPPNER (d'après J.)

154 — Lady Charlotte *Duncombe*, par C. Wilkin, 1797. In-4. Superbe et rare épreuve d'état, avec la lettre ouverte.

155 — T. R. H. Charlotte, viscountess *Saint-Asaph*, par Wilkin. In-4. Superbe et rare épreuve d'état, avec la lettre ouverte.

156 — Lady Gertrude *Villiers*, par Cooper. In-8, grande marge.

157 — Mrs *Jerningham*, représentée en Hébé, par Meyer. In-fol., en pied. Belle épreuve.

158 — Thisbé, — Pyrame, par W. Knight, 1785. Pendants ovales in-fol. 2

HOPWOOD

159 — Her Grace Georgiana, dutchess of *Bedford*. In-4 au pointillé. Joli portrait de femme avec entourage de roses.

HUET (d'après J.-B.)

160 — Diane au bain, par Demarteau. Ovale. Impr. en couleur. Très belle épreuve, grande marge.

HUET (d'après J.-B.)

161 — Toilette de Vénus, par Demarteau. Ovale, impr. en couleur. Pendant du précédent. Très belle épreuve, grande marge.

162 — Diane au bain, par Bonnet. In-4, impr. en couleur. Très belle épreuve, grande marge.

163 — L'Amour dévoile les yeux de l'Innocence, — La Douceur et l'Amitié enchaînent l'Amour. Pendants en couleur, toutes marges. 2

164 — Léda au bain, — L'Amour propre, par Chaponnier. Pendants. In-fol. En couleur. 2

HUNT (G.)

165 — A merry Christmas, — The same to you. Caricatures in-fol. Coloriées. Pendants. 2

ISABEY (d'après)

166 — Mme *Dugazon*, par Monsaldy. Ovale au pointillé, en couleur. In-4. Marge.

JANINET

167 — Le Baiser de l'amitié, — Le Baiser de l'amour, d'après Doublet. Ovales in-fol., faisant pendants. Superbes épreuves en couleur. 2

168 — La Réunion des plaisirs, d'après Le Clerc. Très belle épreuve. En couleur.

169 — L'Amour rendant hommage à sa mère, d'après Boucher. Pièce de forme ovale, imprimée en couleur. Marge.

170 — L'Opérateur, — Le Rendez-vous, d'après Bénazech; 1770. Pendants en couleur, de forme ovale. Très rares.

171 — Les Trois Grâces, d'après Pellegrini. In-fol. En couleur, avant la guirlande. Très belle épreuve avant la lettre. Marge.

JANINET

172 — Bacchus préside à la fête, d'après Carême. Petit in-fol., en couleur. Marge.

173 — Le Culte systématique, d'après le même. Petit in-fol., en couleur. Encadré.

174 — Mlle *Colombe* l'aînée, dans la Colonie Ovale, in-8. En couleur. Marge.

175 — Vues de Paris. In-4 de forme ovale. En couleur. 6

JAZET

176 — La Demande en mariage, — Célébration du mariage, — Le Repas de noces, d'après Le Comte. In-fol. obl. En couleur. 3

JOSI (C.)

177 — Peace. In-fol. au pointillé. Marge.

KAUFFMANN (d'après Ang.)

178 — Jeune femme tenant une coupe et des fleurs. In-4, par Wilkinson; 1784. Marge. Encadrée.

179 — Ariadne, par Delâtre. In-4 obl. En bistre.

180 — Pénélope, par Ryder. In-fol. Belle épreuve avant lettre et à toute marge.

KNIGHT (C.)

181 — The Charmers, — Tentalizing. In-fol. faisant pendants, d'après Peters. Superbes épreuves, impr. en couleur. Très rares. 2

LA TOUR (d'après de)

182 — Sophie *Arnould*, de l'Académie de musique. In-8, par Bourgeois de la Richardière. Ovale en couleur. Très belle épreuve, grande marge. Rare.

LAVREINCE (d'après)

183 — Les Offres séduisantes, par de Lignon. Très belle épreuve. Marge.

LAVREINCE (d'après)

184 — Le Restaurant, par Deni. Superbe et très rare épreuve d'un état non décrit, avec le mot : *Restorant*, au lieu de Restaurant. Grande marge.

185 — La Marchande à la toilette, par Vidal. Très belle épreuve.

186 — La Soubrette confidente, par Vidal. Très belle épreuve.

187 — Le Repentir tardif, par Le Vilain. Très belle épreuve.

188 — Mrs Merteuil and Miss Cecille Volange, par Romain Girard. Ovale, in-fol. Très belle épreuve, en couleur, du premier état, avant les mots inscrits sous le titre : *Ensuite j'ai été chez sa fille*. Marge.

189 — Valmont and Emilie, par le même. Ovale, in-fol. Très belle épreuve. En couleur. Marge.

190 — Le Concert agréable, par Varin. In-fol. en larg. Belle épreuve.

191 — Le Mercure de France, par Guttenberg (portrait de Beaumarchais). In-fol. obl., pendant du précédent. Très belle épreuve. Marge.

192 — Les Sabots, par Couché. In-fol. Très belle épreuve avant l'adresse de Tessari. Marge.

193 — Le Retour trop précipité, par Pierron ; 1788. In-fol. Très belle épreuve, montée en dessin. Encadrée.

194 — On y va deux, par Benossi. In-4. En bistre. Belle épreuve.

195 — Le Lever des ouvrières en modes. Pièce gravée en réduction, à l'eau-forte pure.

LE BAS

196 — Revue de la Maison du roi au Trou d'Enfer, d'après Le Paon. In-fol. en larg. Très belle épreuve avant la lettre. Marge. Encadrée.

LEGRAND (M.-L.)

197 — Bouquets de fleurs variées, d'après Carle. In-fol., impr. en couleur. Pendants. Marges. 2

LEMOINE (d'après)

198 — Mademoiselle du T***. Pièce de forme ovale gravée en réduction. Épreuve d'état, à l'eau-forte pure.

LEVASSEUR (J.-C.)

199 — L'Age agréable, — Le Larcin toléré. Pendants in-fol., d'après Lambert. 2

LOUVION (J.-B.)

200 — Le Repos, d'après Cheveau. Petit in-fol., ovale. En couleur.

MALLET (d'après)

201 — Chit chit !... — Par ici !..., par Copia. In-4. En couleur. Marges. Encadrés.

202 — L'Impatience amoureuse, par de Sève. Ovale, in-fol., au pointillé. Marge.

DEUXIÈME VACATION

MARCENAY DE GHUY

203 — Mirabeau, l'ami des hommes, d'après Aved. Petit in fol.

204 — J.-F.-M. de Chastenet, marquis de *Puységur* (1715-82). Très belle et rare épreuve d'état, avant toute lettre.

205 — Marie-Antoinette de Pologne, 1765. Petit in-fol., à grande marge.

206 — Maximilien de *Béthune*, — Voyer de Paulmy *d'Argenson*. In-8. 2

MARIE-ANTOINETTE (pièces relatives à) et à la Famille royale

207 – *Marie-Antoinette* d'Autriche, reine de France et de Navarre, mariée à Versailles le 16 mai 1775. Grande pièce in-fol. coloriée, publiée chez Basset. La reine est représentée en grand costume de cour et tient un lis de la main droite. Estampe de toute rareté.

207 *bis* — Louis XVI, King of France, — Marie-Antoinette, Queen of France; par Bovi (élève de Bartolozzi), d'après Ducreux. Ovales in-fol. faisant pendants publiés à Londres, en 1793. Superbes épreuves imprimées en couleur. Marges. Très rares. 2

208 — Marie-Antoinette, reine de France, In-4, par Canu; 1792. Marge.

209 -- Louis XVII, roi de France et de Navarre. Médaillon in-4, par Gabrielli, d'après Miery. Très belle épreuve, marge.

210 — Louis XVI au Temple, écrivant son testament, — Marie-Antoinette à la Conciergerie après sa condamnation. Pendants ovales, in-fol. coloriés, par Zaffonata et Venzo, d'après Singleton et la marquise de Brehan. Marges. Rares.

211 — Famille royale au Temple, — Le Dauphin arraché des bras de sa mère, — Séparation du roi d'avec sa famille, — La reine traînée en prison au milieu de la nuit, — Procès de Marie-Antoinette, 14 oct. 1793. Dess. au Temple et gravé par Bovi, élève de Bartolozzi. In-fol. Marges. 5

212 — Assassination, par Cruickshank; Versailles, 6 octobre 1789. Caricature in-fol., coloriée, où sont représentés le roi, la reine et Louis XVII, protégés par Lafayette contre le duc d'Orléans et Mirabeau, déguisés en femmes et armés de poignards. Rare.

213 — Le Roi esclave, ou les sujets rois, Female patriotism; 3 octobre 1789. Caricature coloriée, grand in-fol. en larg., par le même. Rare.

MARIE-ANTOINETTE (pièces relatives à) et à la FAMILLE ROYALE

214 — Les Sacrifices forcés, 19 août 1789. Curieuse caricature, in-fol. coloriée, par le même, où la reine est représentée brisant sa couronne et la vaisselle d'or, tandis que, des morceaux, le roi frappe des pièces de monnaie. Rare.

215 — The aristocratic Crusade, or Chivalry revived by Don Quixote de Saint-Omer and his friend Sancho ; 31 janvier 1791. Caricature, in-fol. coloriée, par le même, où figurent, entre autres, Louis XVI et Marie-Antoinette. Rare.

216 — The martyr of Equality ; 12 février 1793. Caricature petit in-fol. coloriée, par le même, où le duc d'Orléans, sur l'échafaud, tient la tête de Louis XVI. Rare.

MARTINI (P.-A.)

217 — Exposition au Salon du Louvre, en 1787. In-fol. en larg. Raccommodage. Encadrée.

MÉCOU

218 — Oh ! quelle douleur, d'après Sicardi. In-fol. Coloriée. Marge.

MILITAIRES

219 — Costumes français, par Martinet, Chereau, etc. Coloriés. 20

220 — Hussards. En noir et coloriés. 8

221 — Garde Royale, par Aubry, Vernet, etc. 12

222 — Costumes divers, en noir et coloriés. 31

MIXELLE

223 — La bonne union. Ovale in-4, en larg. Très belle épreuve, impr. en couleur. Rare.

224 — Premier (et deuxième) Intérieur de ferme, d'après Demachy. Pendants, petit in-fol., impr. en couleur. Marges. 2

MOITTE (d'après)

225 — Le Jaloux endormi, — L'Infidélité reconnue, par Vidal et Dambrun. Pendants in-fol. Belles épreuves. Grandes marges. 2

226 — L'Infidélité reconnue, par Dambrun. Très belle épreuve avant la lettre. Marge.

MONNET (d'après)

227 — Salmacis et Hermaphrodite, par Vidal. In-fol.

MOREAU (d'après J.-M.)

228 — La Dame du Palais de la Reine, par Martini ; 1777. In-fol. Très belle épreuve avec le privilège. Toute marge.

229 — Le Pari gagné, par Camligue. In-fol. Belle épreuve, à toute marge.

230 — Les Petits Parrains, par Patas. In-fol. Belle épreuve, à toute marge. Raccommodage.

230 *bis* — Le Souper fin, par Helman ; 1788. Très belle épreuve. Grande marge.

230 *ter* — La Partie de wisch, par Dambrun ; 1783. Très belle épreuve. Grande marge.

MOREAU (A.)

231 — Les Eléments, d'après Wexelberg. In-fol. obl. En couleur. Grandes marges. 4

MORLAND (d'après G.)

232 — Inside of a country alehouse, par Ward; 1797. In-fol. Superbe épreuve imprimée en couleur. Marge.

233 — The fruits of early industry and œconomy, par Ward; 1789. In-fol., à la manière noire. Très belle épreuve. Marge.

NAPOLÉON (estampes relatives à)

234 — *Bonaparte*, général en chef de l'armée d'Italie, dessiné d'après nature et gravé à Milan en 1796. Ovale, in-4.

NAPOLÉON (estampes relatives à)

235 — Napoléon passant les Alpes, mai 1800. In-fol., d'après David. Très belle épreuve à l'état d'eau-forte. Grande marge.

236 — Bonaparte, premier consul, remettant l'épée dans le fourreau, après la paix générale, par Chataignier. Dans le fond, les Tuileries illuminées et la foule en fête. Pièce in-fol. Coloriée, publiée chez Martinet. Très belle épreuve. Toute marge. Très rare.

237 — Bonaparte à la Malmaison, par Lingée et Godefroy, d'après Isabey; 1803. In-fol., en pied. Marge. Encadrée.

238 — Napoléon Ier, empereur des Français. Buste, in-fol., par Beaublé. Marge.

239 — Napoléon Ier, protecteur de la Confédération du Rhin, médiateur de la Suisse. In-4, par Benoist. Marge.

240 — Napoléon sur son cheval de bataille, par Bellangé; 1826. Avant la lettre.

241 — Portraits divers de Napoléon, en noir et coloriés. 6

242 — Marie-Louise, dessinée à l'Opéra, d'après nature, et gravée par Prault. In-4. Très belle épreuve avant la lettre. Marge.

243 — Marie-Louise, — Joséphine. Médaillons in-8, par Bond. 2

244 — Marie-Louise, — Reine Hortense, — Elisa, etc. 6

245 — Eugène-Napoléon, vice-roi d'Italie, par Caronni, d'après Longhi. Buste. In-fol.

246 — Regnault de Saint-Jean d'Angely. In-fol., en pied, par Pradier, d'après Gérard. Avant toute lettre. Marge.

247 — Joseph-Napoléon et Julie-Marie Bonaparte, — Joachim-Napoléon et Mme Murat, par Choubard, d'après Lafond. Ovales. In-fol. Pendants. 2

248 — Les mêmes, gravés en réduction, par Cooper. Pendants. 2

NAPOLÉON (estampes relatives à)

249 — Henri *Clarke*, duc de Feltre. In-fol., en pied, par R.-Urb. Massard, d'après Fabre. Très belle épreuve avant la lettre. Marge. Rare.

✝ 250 — Le maréchal prince Jérôme-Napoléon Bonaparte, d'après Gigoux. In-fol., en pied. Lith. de Mouilleron.

251 — Bonaparte, accompagné du général Berthier, à la bataille de Marengo, au moment de la victoire. In-fol., par Cardon, d'après Boze. Rare.

252 — Premier Bulletin de la Grande Armée. Grand in-8, par Berthet. Portrait de l'Empereur, tête laurée, et réception de S. M. à Strasbourg. Belle épreuve.

253 — La Paix fait dételer les chevaux de Mars du char de la Victoire et conduit Napoléon Ier en Italie. In-fol. obl., par Chapuis, d'après Lemonnier.

254 — Traité de Paix de l'an X (1801), entre la France et l'Angleterre, par Villeneuve. Petit in-fol. en larg., avec portraits de George III et Bonaparte.

255 — Vue du cortège de S. M. Napoléon passant devant le Palais du Tribunat, pour se rendre à N.-D. (1804), par Leleu. In-fol. obl.

256 — Fêtes du Sacre et Couronnement de Leurs Majestés Impériales ; 1804. In-fol., par Le Cœur. Rare.

257 — Illumination de la grande Cascade de Saint-Cloud, 1er avril 1810, pour le mariage de l'Empereur et de Marie-Louise ; par Debucourt. Très belle épreuve. Marge.

258 — Vue de l'Arc de triomphe de l'Etoile et du feu d'artifice tiré, le 2 avril 1810, pour le mariage de Leurs Majestés ; par Debucourt. Très belle épreuve. Marge.

259 — Le général Radet enlève Pie VII, 1810, — Concile national à Paris, 1811, etc., par Calendi, d'après G. Berti. In-fol. en larg.

260 — Revue passée par Napoléon à Montechiaro, le 10 juin 1805. Lithogr. coloriée. In-fol.

NAPOLÉON (estampes relatives à)

261 — Prise d'Ulm, an XIV (1805), par Swebach et Levachez. In-fol. En couleur.

262 — Bataille d'Iéna, 1806, par Duplessis-Bertaux et Levachez. In-fol. En couleur.

263 — Entrée des Alliés à Leipzig, 1813; par Bowyer. In-fol. En couleur.

264 — Te Deum des Alliés sur le square Louis XV, à Paris, 1814; par le même. In-fol. En couleur.

265 — Bataille de Waterloo, 1815. Trois scènes différentes, par Dubourg, d'après Clark. In-4. En couleur. 3

266 — Journée du Champ de Mai, 1815; par Duplessis-Bertaux. Epreuves d'état et terminée. 2

267 — Occupation de Livourne par les Français, 27 juin 1796; par Poggioli, d'après Beys. In-fol. obl.

268 — Bataille de Somo Sierra, 1808; par Debucourt, d'après H. Vernet. In-fol. Premier tirage, avec la dédicace. Encadrée.

269 — 1er régiment de hussards en tirailleurs, — Bivouac du 3e régiment de hussards commandé par le colonel Moncey. In-fol., par Jazet, d'après H. Vernet. Pendants. 2

270 — *Imagerie coloriée.* Fleurus, — Rivoli, — Austerlitz, — Madrid, — Essling, etc. 6

271 — Napoléon, sa famille, son empire, ses institutions, 1812. Grand placard lithogr., avec figure de Napoléon en empereur romain.

272 — Calendrier perpétuel, 1780. In-fol., par de Laneuville, à Rouen; publ. chez Mondhare. Colorié. Rare.

273 — Almanach impérial depuis l'an 1800, jusqu'à l'an 1900, par J. Bye, prisonnier de guerre anglais à Cambrai. Petit in-4.

274 — Calendrier pour l'an 1810, en 2 feuilles; publié à Paris chez Jauet. Six médaillons représentant des Métiers.

NAPOLÉON (estampes relatives à)

275 — Les Fastes Napoléens, de 1796 à 1821. Dynastie impériale en 1814. Tombeau de l'Empereur. In-fol., gravé à Bruxelles par Goubaud.

276 — L'Indicateur général. Calendriers pour 1837 et 1838. Grand in-fol., avec scènes de la vie de l'Empereur. Epreuve d'état, non terminée.

277 — L'Indicateur général, 1834; avec plan des environs de Paris, — L'Indicateur général, 1840-1841; avec scènes de l'expédition de Constantine. In-fol. 2

278 — *Caricatures*. Siège de la colonne de Pompée. Science in the Pillory, par Gillray. Curieuse pièce satirique sur la campagne d'Egypte. En bistre. Rare.

279 — Review of the French troops on their returning march through Smolensko, 1813; par Gillray. Caricature coloriée.

280 — Polar Star. Tête de Napoléon au bout d'une pique plantée dans le globe, par Dubos. In-fol. Coloriée.

281 — Nap and his friends in their glory, 1808. Pièce satirique sur la guerre d'Espagne. In-fol. Coloriée.

282 — English Patriots bowing at the Shrine of Despotism,— Bonaparte à Calais, par Cruickshank. In-fol. Coloriées. 2

NATTIER (d'après)

283 — Mme la duchesse de *** en Hébé (Mlle de Bourbon Conti), par Hubert. In-fol. Belle épreuve.

284 — Flore à son lever, par Maleuvre. In-fol. Belle épreuve.

285 — La Chasseuse aux cœurs (Mlle de Beaujolais), par Henriquez. In-fol. Belle épreuve.

NORTHCOTE (d'après)

286 — The last interview of Werter and Charlotte. In-fol. de forme ronde. En bistre. Toute marge.

NUTTER (W.)

287 — Mrs Bryan and children. Petit in-4, d'après Shelley. En bistre.

OPIE (d'après J.)

288 — The sleeping Nymph, par P. Simon, 1787. In-fol.

PERDRIAUX

289 — La Fille prévoyante, d'après Le Génie. En couleur. Marge.

POILLY (N.)

290 — Philippe de France, duc d'Orléans, frère du roi. Buste fort comme nature.

POLLARD (R.)

291 — Boys playing at marbles, d'après Paye, 1786. In-fol. Grande marge.

292 — Saint-Preux and Julia, d'après Wheatly. Aquatinte par Jukes, 1786. In-fol. En couleur.

POLLARD (London, published by)

293 — Thalia. Joli portrait de femme en chapeau. Superbe épreuve, imprimée en couleur, 1787. Marge. Très rare.

QUÉVERDO

294 — Le Chien d'Elicio, — La Houlette de Galatée. Ovales. In-4. En couleur. Pendants. 2

RAMBERG (d'après H.)

295 — The Soldiers return, par W. Pether, 1785. Ovale. In-fol., à la manière noire. Belle épreuve.

296 — H. R. H. the princess Sophia, par Ogborne, 1789. Ovale. In-fol. En bistre. Très belle épreuve. Marge.

RAVENET

297 — La Coquette, — La Studieuse, d'après Mercier. In-fol. Pendants. 2

REGNAULT

298 — Matin. In-fol. en largeur.

REMBRANDT (d'après)

299 — Saint Jérôme, par Van Vliet, 1671. In-fol.

RÉVOLUTION (pièces sur la)

300 — Fédération des départements du Nord, du Pas-de-Calais et de la Somme, à Lille; 6 juin 1790, — Banquet civique donné par les gardes nationales de Lille, 27-28 juin 1790. In-fol., par Albane. 2

301 — Chevaliers du Poignard désarmés par ordre du Roi au château des Tuileries, le 28 février 1791, par Lafayette. Grande pièce in-fol. Coloriée. Toute marge.

302 — Fête dédiée à la vieillesse, par Duplessis-Bertaux, — Serment du Jeu de Paume. Lith. in-fol. 2

REYNOLDS (d'après sir J.)

303 — Lady Sarah *Bunbury*, par Fisher, 1766. In-fol., à la manière noire. Superbe épreuve. Marge.

304 — Infancy, par Thew, 1790. In-4. En bistre. Très belle épreuve. Grande marge.

305 — Hebe (Mrs *Stanhope*), par Hodges, 1795. In-fol., à la manière noire. Superbe épreuve, avec la première adresse.

306 — T. H. miss *Bingham*, par Bonnefoy (London, 1786). In-4, en bistre. Belle épreuve. Marge.

307 — T. R. H. Countess *Spencer*, par Bonnefoy (London, 1787). In-4. Très belle épreuve en couleur. Toute marge.

308 — Lady *Fenoulhet*, par R. Purcell. In-fol., à la manière noire. Belle épreuve.

ROWLANDSON (T.)

309 — Vaux-hall, par R. Pollard. Très belle épreuve *ancienne*, en couleur, de la pièce la plus importante du maître, et celle donnant le mieux les costumes et physionomies de la société élégante anglaise de cette époque.

ROWLANDSON (T.)

310 — Bandelures, 1791. Curieuse pièce satirique sur le prince et la princesse de Galles. Coloriée. Très rare.

311 — Peepers in Bond street, 1793 (countess of ***Heminghe***). In-fol. Coloriée.

312 — Hocus pocus, or searching for the philosophers stone, 1800. In-fol. Coloriée. Marge.

313 — Waiting for dinner, — At dinner, — After dinner, — Preparing for supper, par Alken. In-4. Coloriées. Rares. 4

314 — An Italian Family, 1792, par Alken. In-fol., en couleur. Très belle épreuve.

315 — Waiting room. Curieuse pièce à costumes. In-fol. Coloriée. Rare.

316 — Didon pleurant le départ d'Énée (Lady ***Hamilton***), d'après Cipriani. Coloriée. Très rare.

317 — The soldiers departure, — Tailors return, 1799. Pendants. In-4. Coloriés. 2

318 — Jack in the box. Petit in-fol. Coloriée.

319 — Rigging out a smuggler. Caricature sur la contrebande, 1810. Petit in-fol. Colorié. Marge.

320 — Masquerading, 1811. Petit in-fol. Coloriée.

321 — Vicar and Moses, 1815. Petit in-fol. Coloriée.

322 — Off she goes, d'après Woodward. Petit in-fol. Coloriée.

SAINT-AUBIN (Aug. de)

323 — Louise-Emilie, baronne de (*Breteuil*), — Adrienne-Sophie, marquise de (*Saint-Aubin*). Pendants. Petit in-fol. Très belles épreuves. 2

324 — Au moins soyez discret! — Comptez sur mes serments. Pendants. In-fol. Très belles épreuves avec marges. Encadrées. 2

325 — Vignette pour la ***Jérusalem délivrée***, d'après Cochin. Rare épreuve à l'état d'eau-forte.

SAINT-AUBIN (d'après Aug. de)

326 — Tableau des portraits à la mode. — Promenade des remparts de Paris. Pendants. In-fol., par Courtois. Très belles épreuves. Marges. 2

SAY (W.)

327 — The Misses *Sharp*, pinçant de la harpe, d'après Harlow. In-fol., à la manière noire. Très belle épreuve. Rare.

SERGENT (A.)

328 — Il est trop tard; 1789. Très belle épreuve. En couleur.

SERGENT (d'après)

329 — Clémence de Henri IV, par Demachy; 1786. In-4. En couleur. Marge.

SIMON (d'après J.-P.)

330 — La Française coquette. — La pensive Anglaise, par Prudhon et Bourgeois de la Richardière. Pendants. Marges. 2

SMITH (Benj.)

331 — His most gracious Majesty king Georg the third, d'après W. Beechey; 1804. In-fol., en pied. En couleur.

SMITH (J.-R.)

332 — Sylvia, d'après W. Peters; 1778. In-fol., à la manière noire. Superbe épreuve, avec une grande marge. Très rare de cette condition.

333 — A Visit to the grandmother, d'après Northcote; 1785. In-fol. Superbe épreuve, impr. en couleur. Bonne marge.

334 — A Visit to the grandfather, par Dayes; 1788. In-fol., à la manière noire. Très belle épreuve. Marge.

335 — Wood-Nymph, d'après Woodford; 1787. In-4 ovale, en bistre. Très belle épreuve. Grande marge.

336 — Innocence and the old-beau; 1790. Ovale. In-fol. Superbe épreuve en couleur, avec la 1re adresse. Marge.

SMITH (J.-R.)

337 — Mademoiselle *Clermont*. In-4, à la manière noire. Très belle épreuve.

SMITH (d'après J.-R.)

338 — Thoughts on matrimony, par W. Ward; 1786. Ovale. In-4, en bistre. Superbe épreuve, avec la 1re adresse. Grande marge. Très rare.

339 — The Witty Dorinda; 1787. Ovale. In-4. Superbe épreuve En couleur. Marge. Rare.

340 — The Moralist, par W. Nutter, 1787. In-fol. Très belle épreuve en couleur, avec l'adresse de Smith. Marge. Encadrée.

341 — Credulous lady and astrologer, par Maucler. Ovale. In-fol. Très belle épreuve. En couleur.

342 — Rosaida, par Le Grand. Ovale. In-4. Belle épreuve. Toute marge.

343 — T. R. H. Elizabeth countess of *Northum berland*. In-fol., à la manière noire.

SPORT (estampes sur le)

344 — Un landau. Lith. de A. Orlowsky. In-fol.

345 — **Vernet** (C.). La Course, par Debucourt. In-fol. Très belle épreuve. Bonne marge.

346 — Le Prince, cheval de chasse anglais, parti de la barrière des Bonshommes, jusqu'à la grille de Versailles, et revenu à la barrière des Bonshommes en soixante minutes; par Lefèvre-Marchand. In-fol. Marge.

347 — Le Départ pour la Chasse, — Le Retour de la Chasse, par Moreau. In-fol. Pendants. Marges. Encadrées. 2

348 — La Barrière franchie, — Le Repos du Chasseur, par Jazet. In-fol. Pendants. Marges. Encadrées. 2

349 — The old Birmingham coach, par Lewis. In-fol., en larg. Colorié.

SPORT (estampes sur le)

350 — The wits of Windsor, a Miltonian pun, par Heath. Petit in-fol. Coloriée, publ. en 1827 par S.-W. Fores.

351 — A trip to Melton Mowbray (Un petit voyage à Melton Mowbray). Suite de douze pièces en couleur, en forme de frises, et imprimées sur six feuilles, représentant les inconvénients des voyages, en voiture, à la chasse, etc., d'après T.-D. Paul. Très belles épreuves. Rares. (Collection L. D.) 12

351 *bis* — Les mêmes estampes. Réimpressions coloriées. 12

352 — A regular out and out steeple chase; 1833, — Swell and the Surrey; 1834, par Alken. In-fol. Coloriées. 2

353 — How to ride with elegance through the streets, par Humphrey; 1800. In-fol. Coloriée. Marge.

354 — Nimrod, par Aldbery; 1787. In-fol. Coloriée. Marge.

355 — The Union coach, — The new fly from St-James's street to the Land's End. Caricatures politiques par Cruickshank. In-fol. Coloriées. 2

356 — Death of the doe, par Orme; 1817. In-fol. Très belle épreuve impr. en couleur. Marge.

357 — *Alken's* Sketches. The stable, the road, the park, the field; 1854. Six pl. lithogr. en couleur. Album complet.

358 — Sketches of Irish character from life, by capt. Rob. Williams; London, 1840. Sept pl. lith. dans la couverture de publication.

359 — Studies of horses, after Gericault, by H. Berthoud; London, s. d. Dix lith. et le titre, dans la couv. de public.

360 — Carrosse de gala qui servit au sacre de S. M. George III, par Bartolozzi. In-fol. Très belle épreuve. Marge. Rare.

361 — Fox hunting, par Morris et Bartolozzi, d'après Barret. Pièce publiée à Londres en 1783. In-fol. Marge. Encadrée.

SPORT (estampes sur le)

362 — Epsom downs; the Derby day, par Leighton, d'après Hunt. In-fol. Coloriée. Encadrée.

363 — Apology, — Bendigo. Portraits de chevaux publiés par Brall. Lith. in-fol. Coloriées. 2

364 — Le Chasseur, — Les Chevaux à l'écurie, par Roberts, d'après Seymour, etc. In-4. 3

365 — Chevaux, — Chiens de chasse, par Howitt; 1799. In-4. 6

366 — *Combats de coqs.* Suite complète de six pièces en couleur, par Fielding, publ. en 1853, par Ackermann. Marges. Rares. 6

367 — *Voitures à vapeur.* Steam carriage for common roads, patented 1833. Lith. in-fol. Coloriée, de Hullmandel, publiée par Ch. Tilt. Très rare.

368 — The pleasures of the rail-road. Shewing the inconvenience of a blow up. Caricature in-fol., coloriée, publiée en 1835. Marge. Rare.

369 — Locomotive Engine « The Rocket », 1830, built by George Stephenson. Petit in-fol. En couleur.

370 — Train primitif pour le transport de la houille, par Havell, d'après Walker. Petit in-fol. En couleur.

371 — Pat's comment on steam engines. Curieuse caricature publiée en 1829 par G. Humphrey. Petit in-fol. Coloriée. Marge.

372 — *Vélocipèdes.* A family party taking an airing. Caricature coloriée, publiée en 1819. Encadrée.

373 — The ladies hobby. Caricature coloriée, publiée en 1819. Marge.

374 — The Hobby Horse, 1819. In-fol. Coloriée. Encadrée.

375 — Modern Olympics. Caricature sur les dandys, publiée en 1819, par J. Hudson. Petit in-fol. Coloriée.

SPORT (estampes sur le)

376 — Royal hobby, — Exercising a hobby from Wales to Hertford. Curieuses caricatures politiques coloriées, publiées en 1819. 2

377 — Pedestrian hobbyhorse, — Le Jardinier vélocipédiste. Petites pièces du commencement du siècle. 2

378 — Living made easy. Machine à éventer, manger, casser les noix, boire pendant l'été. — Appareil pour déshabiller et couvrir pendant le sommeil. Curieuses caricatures coloriées, publiées par Lean, en 1830. In-4. 2

STRANGE (ROBERT)

379 — Charles Ier, — Henriette-Marie, reine d'Angleterre, d'après Van Dyck. In-fol., en pied. 2

380 — Les Enfants de Charles Ier, d'après le même. In-fol. en larg. Grande marge.

381 — A mother and child, d'après Le Parmesan. Portrait de sa maîtresse et son enfant. In-fol. Marge.

382 — Cupidon, d'après B. Schidoni. In-fol. Marge.

TAUNAY (d'après)

383 — Noce de village, par Descourtis. In-fol. Impr. en couleur. Superbe épreuve, avec les armes. Marge.

384 — Noce de village, par Descourtis. Très belle épreuve. En couleur. Marge.

385 — Le Tambourin, par Descourtis. Superbe épreuve. En couleur. Marge.

386 — Noce de village, gravée en réduction par Descourtis. Fonds teinté.

THOMSON

387 — T. R. H. Louisa Catherine marchioness of *Carmarthen*, d'après Mrs Mee; 1830. Belle épreuve. Grande marge.

TOMKINS (W.)

388 — Encampment at Fornham near Saint-Edmunds Bury, d'après Kendall; 1782. In-fol. en largeur. En bistre.

389 — Sparabella, d'après Miss Conyers. In-fol. Marge.

TOWNLEY (C.)

390 — Anne-Charlotte-Dorothée, duchesse de Courlande, née comtesse de *Medem*, d'après Cuningham; 1788. In-fol. en pied, à la manière noire. Très belle épreuve. Marge.

TRESCA

391 — Roman Nymphs, d'après Guttenbrunn. Petit in-fol. En couleur. Toute marge.

TROUVAIN (Antoine)

392 — Les Appartements du roi Louis XIV. Suite complète de six pièces in-fol. en largeur. Série excessivement rare, qui, outre son grand intérêt historique, est éminemment curieuse sous le rapport du costume et de l'ameublement. Superbes épreuves, à toutes marges, coloriées.

Premier appartement : Les Enfants de France jouant aux billes. — *Deuxième chambre des appartements :* La Veillée; Mgr le Dauphin, les Princes et les Princesses réunis autour d'une table de jeu. — *Troisième appartement :* Le Roi jouant au billard avec M. de Chamillard. — *Quatrième chambre des appartements :* Les Princes et Princesses au théâtre. — *Cinquième chambre :* Le Concert. — *Sixième chambre :* Les Princes réunis au buffet.

TURNER (C.)

393 — The Fairing, d'après Singleton; 1800. In-fol. Très belle épreuve. Marge.

VANDER MEULEN (d'après)

394 — Chasse royale, — Le Rhin passé à la nage, etc., par F. Bauduins. Grand in-fol. 3

VANGORP (d'après)

395 — Ah! qu'il est joli! par Mallet. Petit in-fol. En couleur. Très belle épreuve. Marge.

VOYEZ le jeune

396 — Les Amusements dangereux, d'après Touzé. In-fol. Belle épreuve. Toute marge.

WARD (W.)

397 — The Cottage Child, d'après Shee. In-fol., à la manière noire. Superbe épreuve. S. m.

398 — Meditation, d'après Smith. In-4, de forme ovale. Très belle épreuve. En couleur.

WATSON (J.)

399 — Miss *Elliot*, d'après Kettle. In-fol. en pied, à la manière noire. Superbe épreuve.

WATSON (T.)

400 — Mme la comtesse *du Barry*, d'après Drouais. In-fol., à la manière noire. Très belle épreuve.

401 — Miss Elizabeth Cooper and Mr Frederick Cooper, children of Grey *Cooper*, d'après Gardner; 1775. In-fol. à la manière noire. Très belle épreuve. Marge.

WOODMAN

402 — Mr *Cooke* as Sir Pertinax Macsycophant, d'après de Wilde; 1808. In-fol., en pied. Marge.

WOODWARD

403 — Cross readings, pièce in-fol., coloriée, publiée en 1800, par S.-W. Fores.

404 — Triumphs of Temper!!! par Cruickshank; 1796. In-fol. Coloriée. Marge.

405 — Popular opinions on public proceedings; 1794. In-fol. Coloriée.

YOUNG (J.)

406 — The Country Girl carrying a present to the lord of the manor meets with an unwelcome reception, — The Country Girl rescued by the courage of her brother, d'après Paye; 1792. In-fol., à la manière noire. Pendants. Très belles épreuves. 2

www.ingramcontent.com/pod-product-compliance
Ingram Content Group UK Ltd.
Pitfield, Milton Keynes, MK11 3LW, UK
UKHW021956260726
13994UKWH00004B/1784

9 782329 506791